Impressum
Verlag: BABADADA GmbH, Nedderfeld 112 , 22529 Hamburg
Geschäftsführer / Verlagsleitung: Harald Hof
Druck: Books on Demand GmbH, In de Tarpen 42, 22848 Norderstedt

Imprint
Publisher: BABADADA GmbH, Nedderfeld 112 , 22529 Hamburg, Germany
Managing Director / Publishing direction: Harald Hof
Print: Books on Demand GmbH, In de Tarpen 42, 22848 Norderstedt, Germany

escola
skola

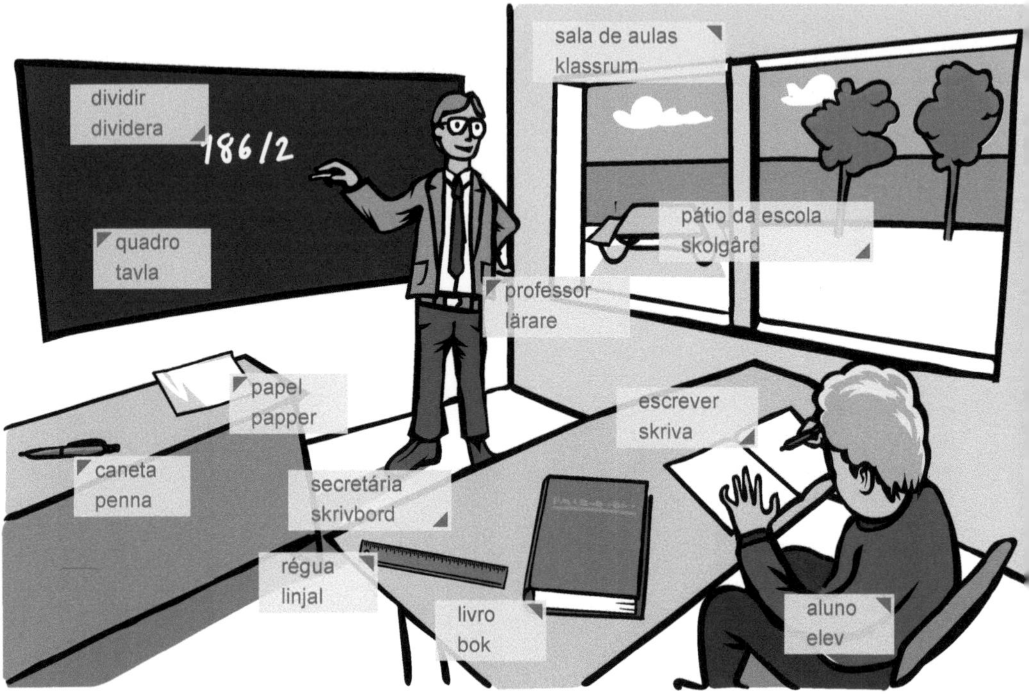

sala de aulas
klassrum
dividir
dividera
186/2
quadro
tavla
pátio da escola
skolgård
professor
lärare
papel
papper
escrever
skriva
caneta
penna
secretária
skrivbord
régua
linjal
livro
bok
aluno
elev

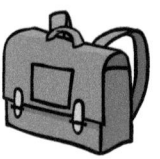

mochila

skolväska

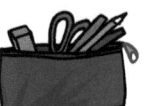

estojo de lápis

pennfodral

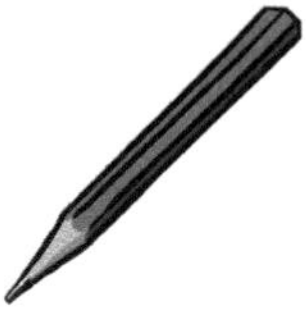

lápis

blyertspenna

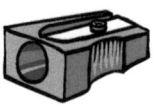

afia-lápis

pennvässare

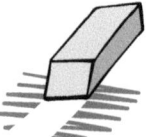

borracha

suddgummi

bloco de desenho

ritblock

desenho
teckning

pincel
pensel

caixa de tintas
målarlåda

tesoura
sax

cola
lim

livro de exercícios
övningsbok

trabalhos de casa
hemläxa

número
tal

somar
addera

subtrair
subtrahera

multiplicar
multiplicera

calcular
räkna

letra
bokstav

alfabeto
alfabet

palavra
ord

texto

text

ler

läsa

giz

krita

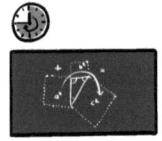

hora

lektion

registo de presenças

register

exame

prov

certificado

intyg

uniforme escolar

skoluniform

educação

utbildning

enciclopédia

uppslagsverk

universidade

universitet

microscópio

mikroskop

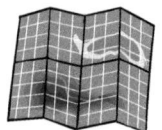

mapa

karta

cesto de lixo

papperskorg

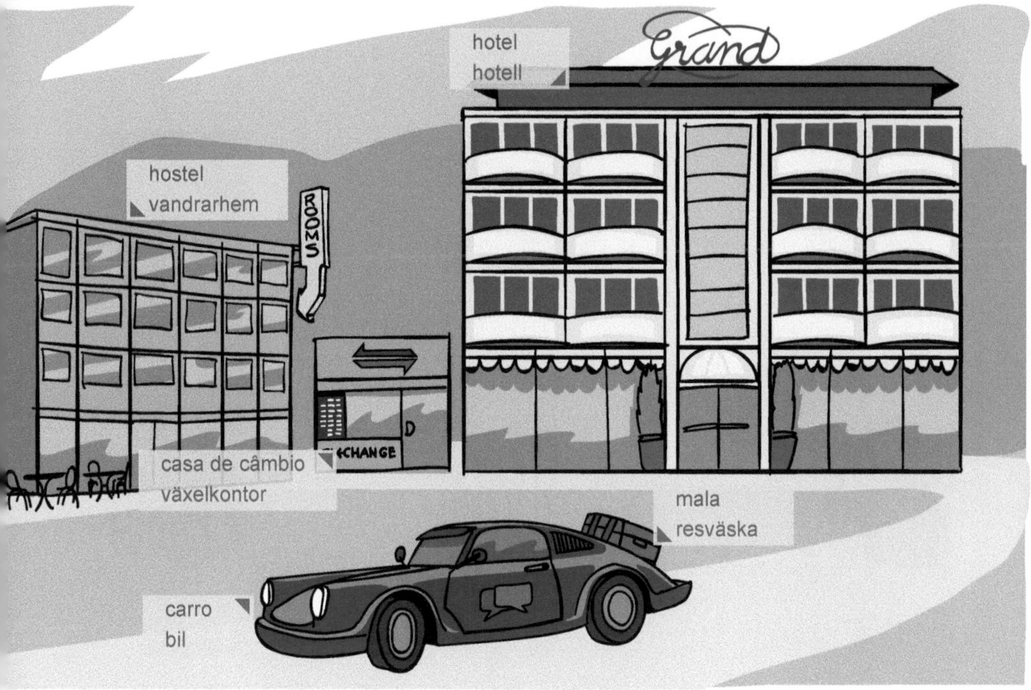

hotel
hotell
Grand
hostel
vandrarhem
ROOMS
EXCHANGE
casa de câmbio
växelkontor
mala
resväska
carro
bil

idioma

språk

sim / não

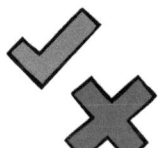

ja / nej

ok / certo / correto

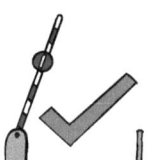

Okay

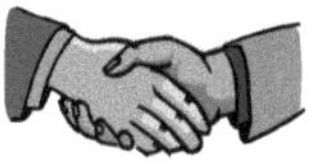

olá

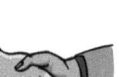

hej

intérprete

översättare

obrigado

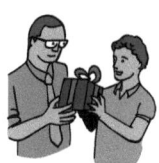

Tack

quanto é que custa... ?

hur mycket kostar...?

não entendo

jag förstår inte

problema

problem

boa noite!

God kväll!

Bom dia!

God morgon!

Boa noite!

God natt!

adeus

hejdå

direção

riktning

bagagem

bagage

saco

väska

mochila

ryggsäck

convidado

gäst

quarto

rum

saco-cama

sovsäck

tenda

tält

informação turística

turistinformation

praia

strand

cartão de crédito

kreditkort

pequeno-almoço

frukost

almoço

lunch

jantar

middag

bilhete

biljett

elevador

hiss

selo postal

frimärke

fronteira

gräns

alfândega

tull

embaixada

ambassad

visto

visum

passaporte

pass

transporte
transport

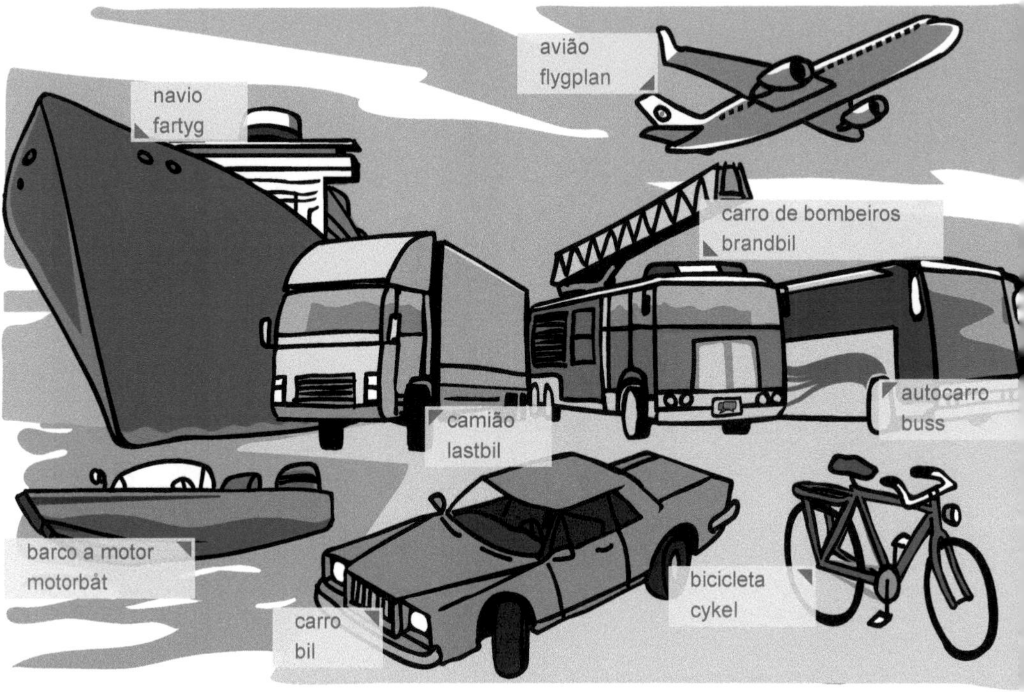
avião
flygplan
navio
fartyg
carro de bombeiros
brandbil
autocarro
buss
camião
lastbil
barco a motor
motorbåt
bicicleta
cykel
carro
bil

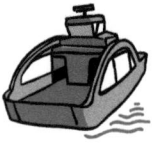

cacilheiro

färja

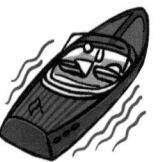

barco

båt

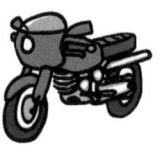

mota

motorcykel

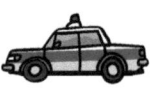

carro de polícia

polisbil

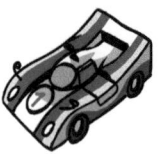

carro de corrida

racerbil

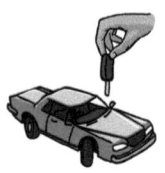

carro alugado

hyrbil

carsharing

bilpool

camião de reboque

bärgningsbil

camião do lixo

sopbil

motor

motor

combustível

bränsle

estação de serviço

bensinstation

sinal de trânsito

vägmärke

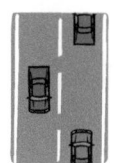

trânsito

trafik

congestionamento de
trânsito

bilkö

parque de estacionamento

parkeringsplats

estação ferroviária

tågstation

carris

räls

comboio

tåg

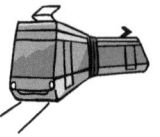

elétrico

spårvagn

carruagem

vagn

helicóptero

helikopter

aeroporto

flygplats

torre

torn

passageiro

passagerare

contentor

container

caixa de papelão

kartong

carrinho

vagn

cesto

korg

levantar voo / aterrar

starta / landa

cidade

stad

aldeia

by

centro da cidade

centrum

casa

hus

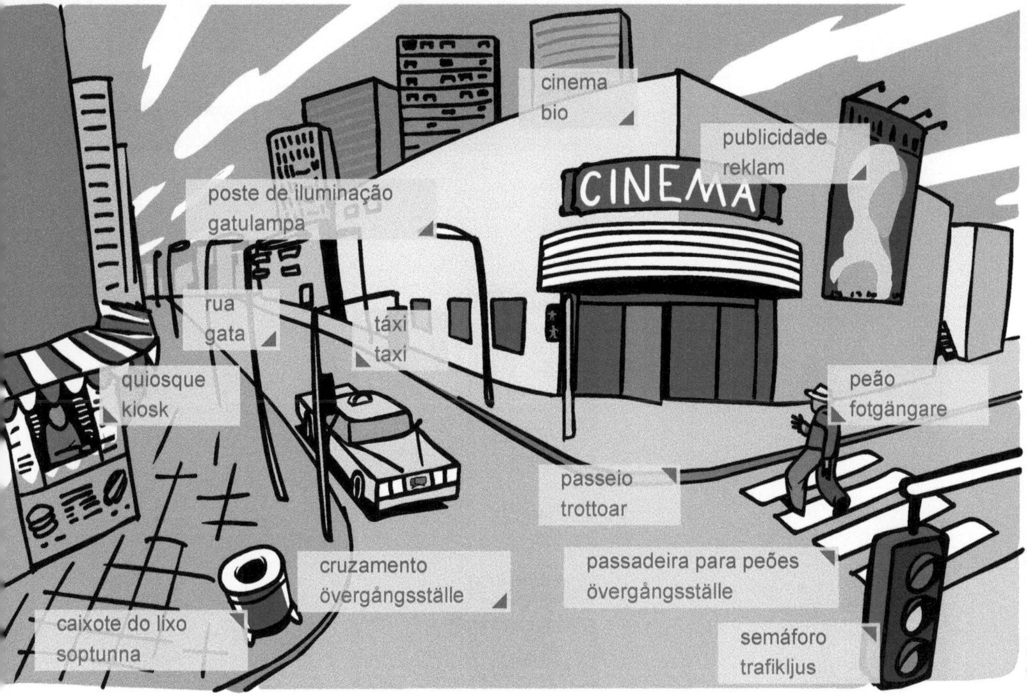

cinema
bio

publicidade
reklam

poste de iluminação
gatulampa

rua
gata

táxi
taxi

CINEMA

peão
fotgängare

quiosque
kiosk

passeio
trottoar

cruzamento
övergångsställe

passadeira para peões
övergångsställe

caixote do lixo
soptunna

semáforo
trafikljus

cabana
stuga

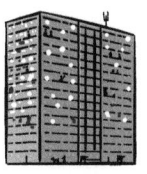

apartamento
lägenhet

estação ferroviária
tågstation

câmara municipal
stadshus

museu
museum

escola
skola

universidade

universitet

banco

bank

hospital

sjukhus

hotel

hotell

farmácia

apotek

escritório

kontor

livraria

bokhandel

loja

affär

florista

blomsterbutik

supermercado

stormarknad

mercado

marknad

loja de departamentos

varuhus

peixaria

fiskhandlare

centro comercial

köpcentrum

porto

hamn

parque

park

banco

bänk

ponte

brygga

escadas

trappa

metro

tunnelbana

túnel

tunnel

paragem de autocarro

busshållplats

bar

bar

restaurante

restaurang

caixa de correio

brevlåda

sinal de trânsito

gatuskylt

parquímetro

parkeringsautomat

jardim zoológico

zoo

piscina

simbassäng

mesquita

moské

quinta
bondgård

poluição
förorening

cemitério
kyrkogård

igreja
kyrka

parque infantil
lekplats

templo
tempel

paisagem
landskap

folha
löv

placa de sinalização
vägskylt

caminho
väg

prado
äng

pedra
sten

caminhantes
liftare

árvore
träd

rio
flod

relva
gräs

flor
blomma

vale
dal

montanha
kulle

lago
sjö

floresta
skog

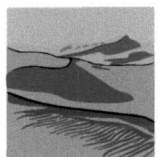

deserto
öken

vulcão
vulkan

castelo
slott

arco-íris
regnbåge

cogumelo
svamp

palma
palm

mosquito
mygga

mosca
fluga

formiga
myra

abelha
bi

aranha
spindel

besouro

skalbagge

sapo

groda

esquilo

ekorre

ouriço

igelkott

lebre

hare

coruja

uggla

pássaro

fågel

cisne

svan

javali

vildsvin

veado

rådjur

alce

älg

barragem

damm

turbina eólica

vindkraftverk

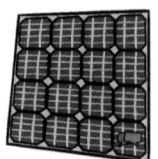

painel solar

solcellspanel

clima

klimat

restaurante
restaurang

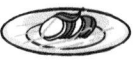

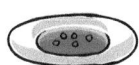

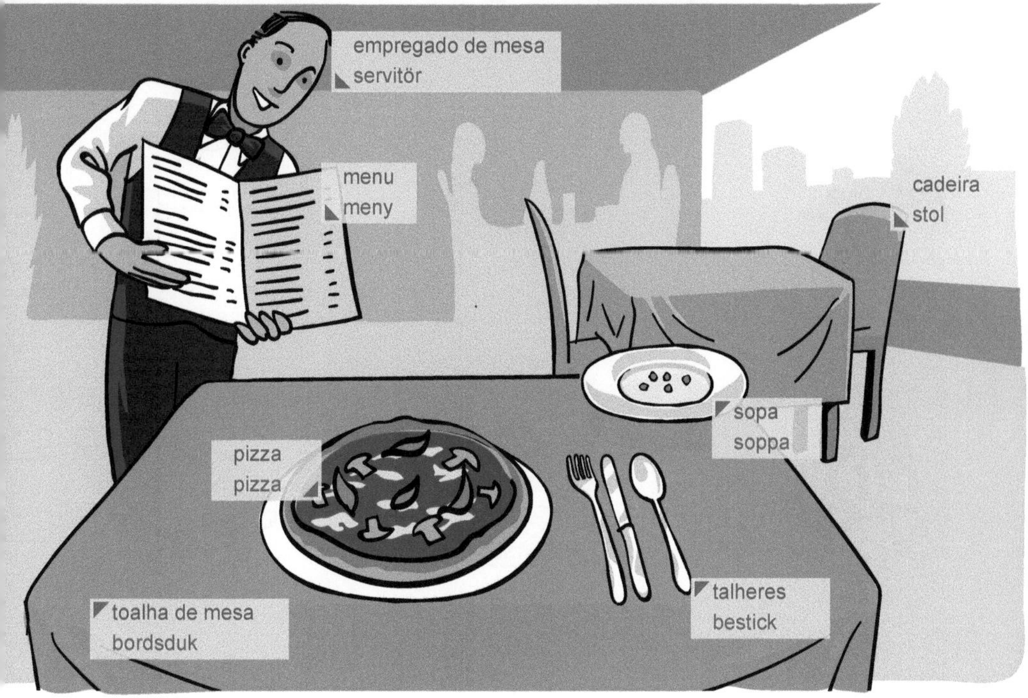

empregado de mesa
servitör
menu
meny
cadeira
stol
sopa
soppa
pizza
pizza
talheres
bestick
toalha de mesa
bordsduk

entrada

förrätt

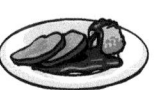

prato principal

huvudrätt

sobremesa

dessert

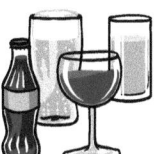

bebidas

drycker

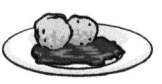

comida

mat

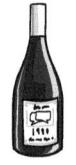

garrafa

flaska

fast food
....
snabbmat

comida de rua
....
street food

bule de chá
....
tekanna

açucareiro
....
sockerskål

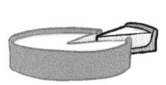

porção
....
portion

máquina de café expresso
....
espressomaskin

cadeira alta
....
barnstol

conta
....
räkning

bandeja
....
bricka

faca
....
kniv

garfo
....
gaffel

colher
....
sked

colher de chá
....
tesked

guardanapo
....
servett

copo
....
glas

prato
tallrik

prato de sopa
sopptallrik

pires
tefat

molho
sås

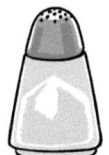

saleiro
saltkar

moinho de pimenta
pepparkvarn

vinagre
vinäger

óleo
olja

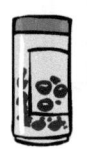 

especiarias
kryddor

ketchup
ketchup

mostarda
senap

maionese
majonnäs

oferta especial
specialerbjudande

cliente
kund

laticínios
mejeriprodukter

fruta
frukt

carrinho de compras
varukorg

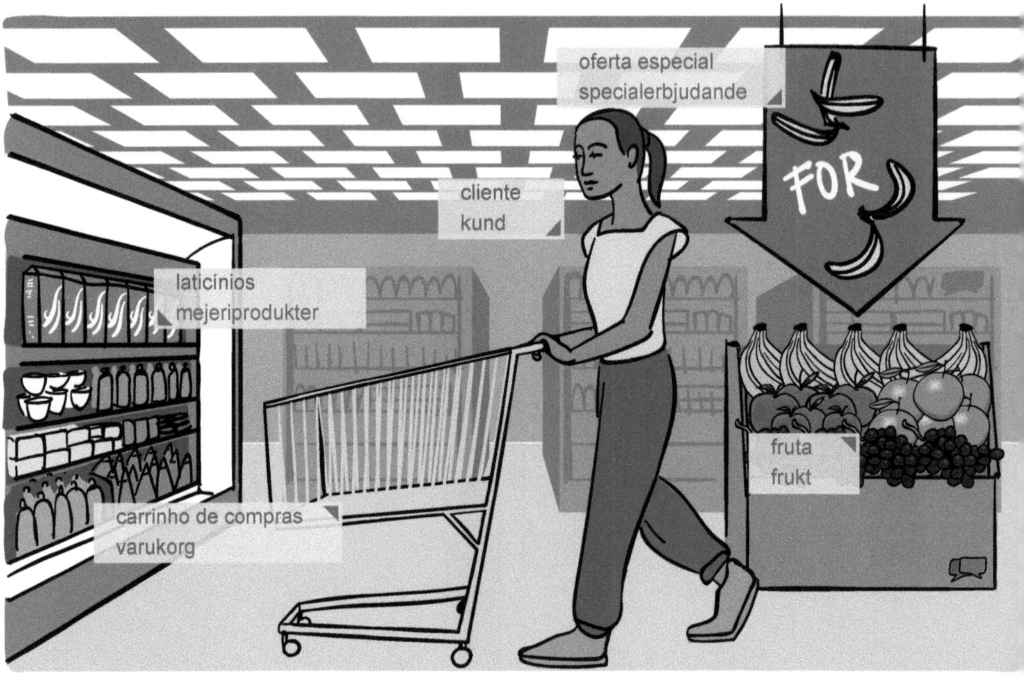

talho

charkuteri

padaria

bageri

pesar

väga

vegetais

grönsaker

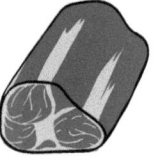

carne

kött

alimentos congelados

frysta livsmedel

charcutaria
....
pålägg

comida enlatada
....
konserver

detergente em pó
....
tvättmedel

doces
....
godis

artigos domésticos
....
hushållsprodukter

produtos de limpeza
....
rengöringsmedel

vendedora
....
försäljare

caixa
....
kassa

caixa
....
kassör

lista de compras
....
inköpslista

horário de funcionamento
....
öppettider

carteira
....
plånbok

cartão de crédito
....
kreditkort

saco
....
väska

saco de plástico
....
plastpåse

água
vatten

sumo
juice

leite
mjölk

coca-cola
cola

vinho
vin

cerveja
öl

álcool
alkohol

cacau
kakao

chá
te

café
kaffe

café expresso
espresso

capuccino
cappuccino

banana
banan

maçã
äpple

laranja
apelsin

melão
melon

limão
citron

cenoura
morot

alho
vitlök

bambu
bambu

cebola
lök

cogumelo
svamp

nozes
nötter

talharim
nudlar

esparguete

spaghetti

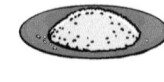

arroz

ris

salada

sallad

batatas fritas

pommes frites

batatas fritas

stekt potatis

pizza

pizza

hambúrguer

hamburgare

sanduíche

smörgås

bife panado

schnitzel

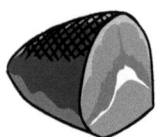

fiambre

skinka

salame

salami

salsicha

korv

galinha

kyckling

assado

stek

peixe

fisk

flocos de aveia

havregryn

muesli

müsli

flocos de milho

cornflakes

farinha

mjöl

croissant

croissant

carcaça (pãozinho)

fralla

pão

bröd

torrada

rostat bröd

biscoitos

kex

manteiga

smör

requeijão

kvarg

bolo

kaka

ovo

ägg

ovo estrelado

stekt ägg

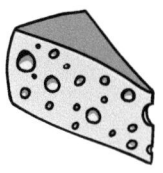

queijo

ost

gelado
....
glass

açúcar
....
socker

mel
....
honung

compota
....
sylt

creme de nougat
....
nougatkräm

caril
....
curry

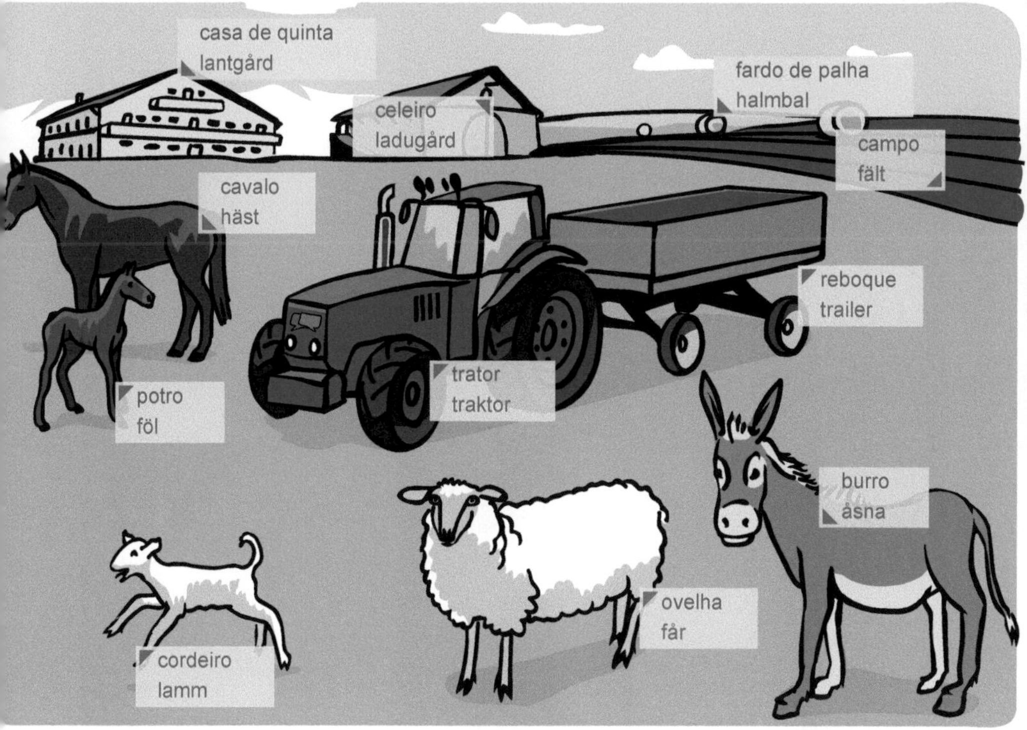

casa de quinta
lantgård

celeiro
ladugård

fardo de palha
halmbal

campo
fält

cavalo
häst

reboque
trailer

potro
föl

trator
traktor

burro
åsna

ovelha
får

cordeiro
lamm

cabra

get

vaca

ko

bezerro

kalv

porco

gris

leitão

griskulting

touro

tjur

ganso

gås

pato

anka

pintaínho

kyckling

galinha

höna

galo

tupp

ratazana

råtta

gato

katt

rato

mus

boi

oxe

cão

hund

casota

hundkoja

mangueira de jardim

trädgårdsslang

regador

vattenkanna

foice

lie

arado

plog

foice

skära

enxada

hacka

forquilha

högaffel

machado

yxa

carrinho de mão

skottkärra

manjedoura

tråg

jarro de leite

mjölkflaska

saco

säck

cerca

staket

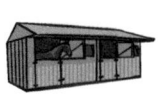

estábulo

stall

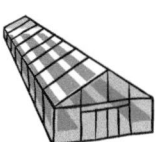

estufa

växthus

solo

jord

semente

säd

fertilizante

gödsel

ceifeira-debulhadora

skördetröska

colher
....
skörda

colheita
....
skörd

inhame
....
jams

trigo
....
vete

soja
....
soja

batata
....
potatis

milho
....
majs

colza
....
raps

árvore de fruto
....
fruktträd

mandioca
....
maniok

cereais
....
spannmål

casa
hus

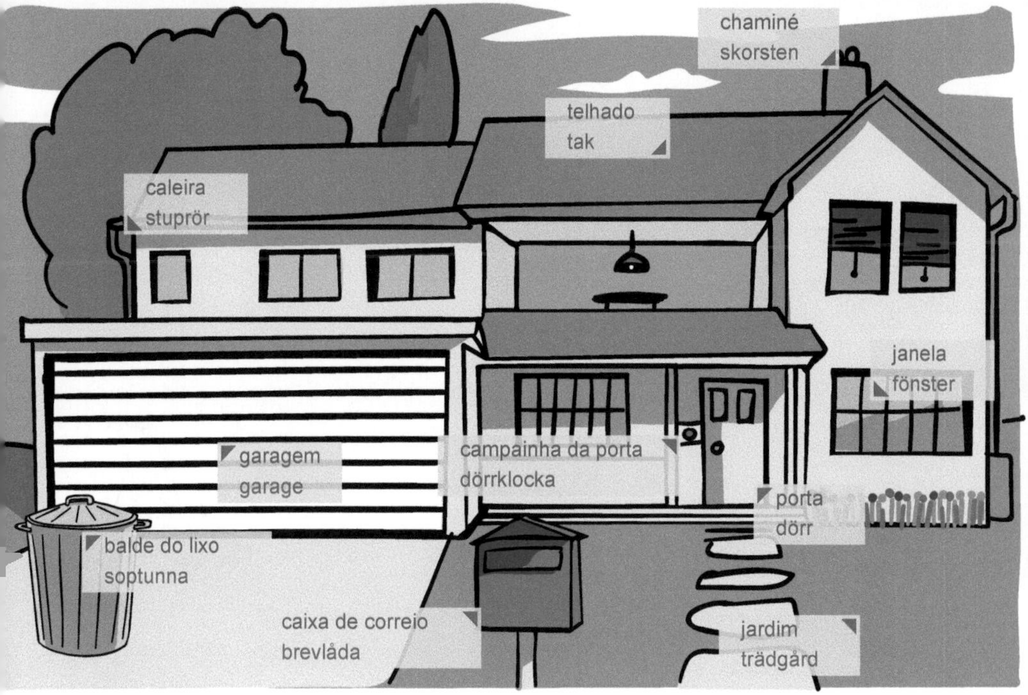

chaminé
skorsten
telhado
tak
caleira
stupрör
janela
fönster
garagem
garage
campainha da porta
dörrklocka
porta
dörr
balde do lixo
soptunna
caixa de correio
brevlåda
jardim
trädgård

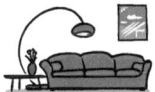

sala de estar

vardagsrum

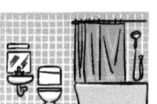

casa de banho

badrum

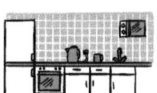

cozinha

kök

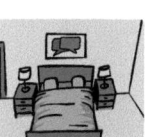

quarto de dormir

sovrum

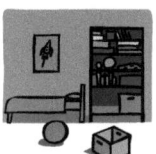

quarto de criança

barnrum

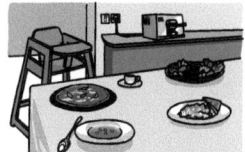

sala de jantar

matsal

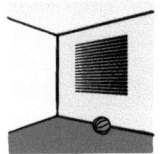

chão
golv

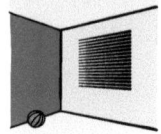

parede
vägg

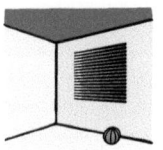

teto
tak

cave
källare

sauna
bastu

varanda
balkong

terraço
terrass

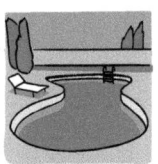

piscina
bassäng

máquina de cortar relvado
gräsklippare

lençol
lakan

cobertor
överkast

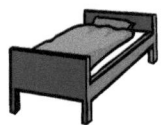

cama
säng

vassoura
kvast

balde
hink

interruptor
strömbrytare

sala de estar
vardagsrum

papel de parede
tapet
imagem
bild
lâmpada
lampa
prateleira
hylla
armário
skåp
televisão
TV
lareira
eldstad
flor
blomma
almofada
kudde
sofá
soffa
vaso
vas
controlo remoto
fjärrkontroll

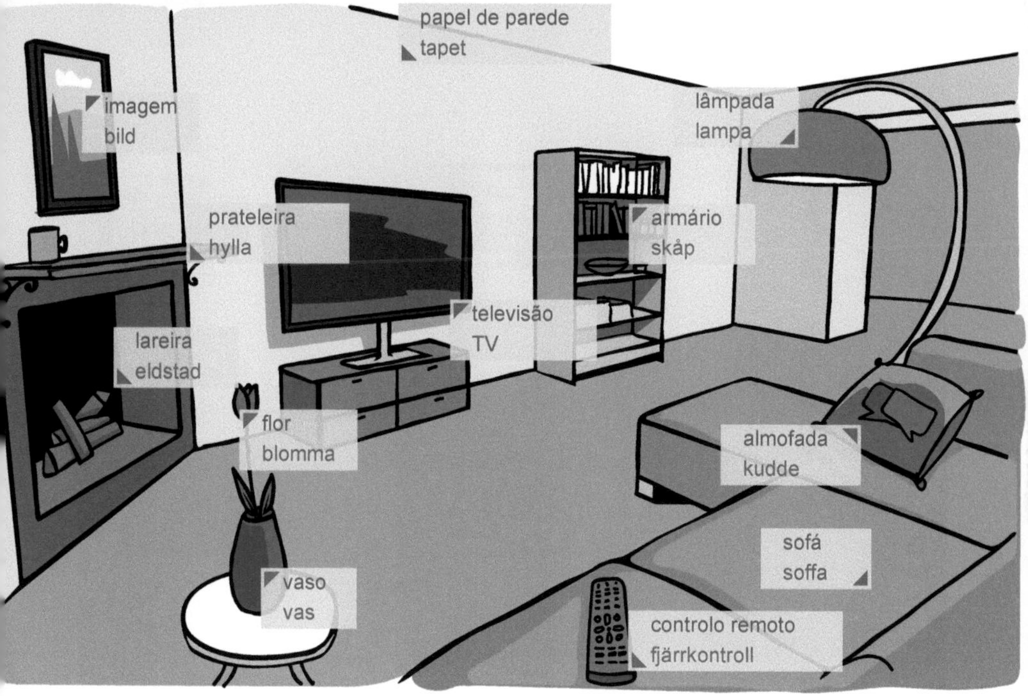

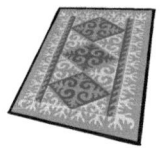

tapete

matta

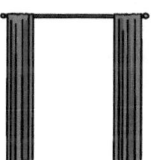

cortina

gardin

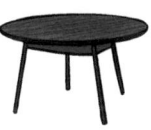

mesa

bord

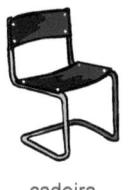

cadeira

stol

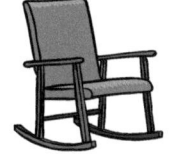

cadeira de baloiço

gungstol

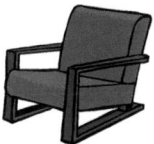

poltrona

fåtölj

livro
bok

cobertor
filt

decoração
dekoration

lenha
vedträ

filme
film

sistema estéreo
stereoanläggning

chave
nyckel

jornal
dagstidning

pintura
målning

póster
poster

rádio
radio

bloco de notas
anteckningsbok

aspirador
dammsugare

cato
kaktus

vela
stearinljus

cozinha
kök

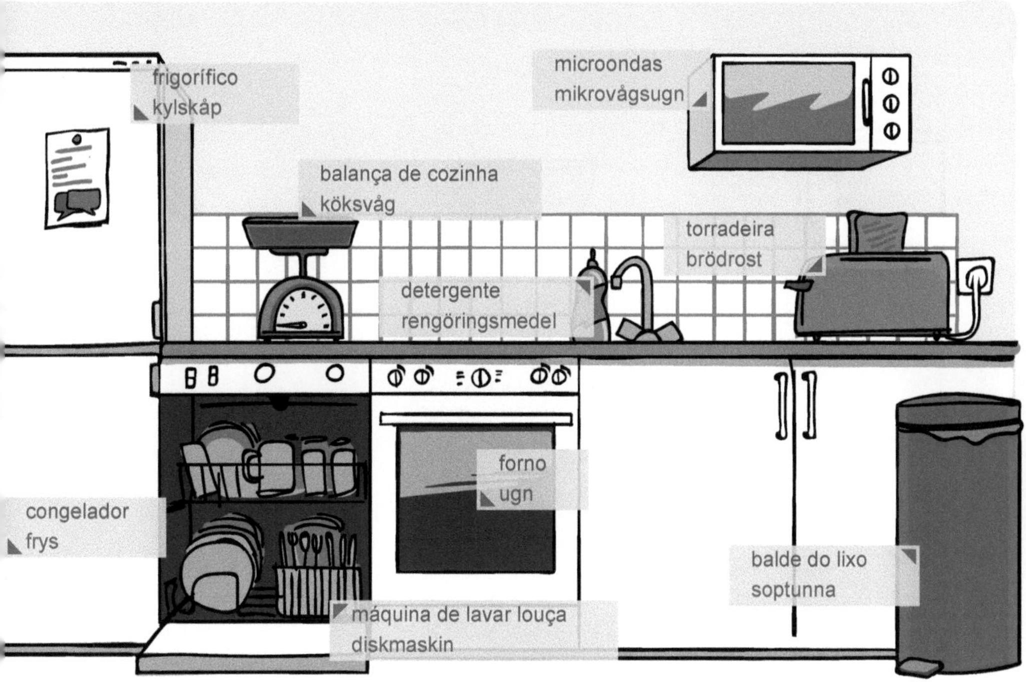
frigorífico
kylskåp
microondas
mikrovågsugn
balança de cozinha
köksvåg
torradeira
brödrost
detergente
rengöringsmedel
forno
ugn
congelador
frys
balde do lixo
soptunna
máquina de lavar louça
diskmaskin

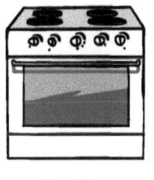

fogão
spis

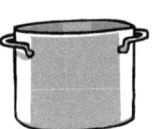

panela
kastrull

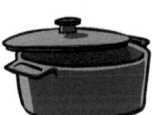

panela de ferro
järngryta

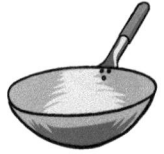

wok / kadai
wok / kadai

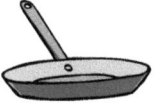

frigideira
stekpanna

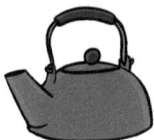

chaleira
vattenkokare

	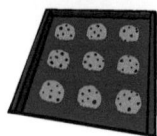	
panela a vapor	tabuleiro de forno	louça
ångkokare	bakplåt	porslin

caneca	tigela	pauzinhos
mugg	skål	ätpinnar

concha de sopa	espátula	batedor de claras
soppslev	stekspade	visp

escorredor	peneira	ralador
durkslag	sil	rivjärn

almofariz	churrasqueira	lareira
mortel	grill	brasa

tábua de cortar
skärbräda

rolo da massa
kavel

saca-rolhas
korkskruv

lata
burk

abridor de latas
burköppnare

luvas de forno
grytlapp

lava-loiça
vask

escova
borste

esponja
svamp

liquidificador
mixer

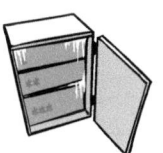

arca frigorífica
frys

biberão
nappflaska

torneira
kran

casa de banho

badrum

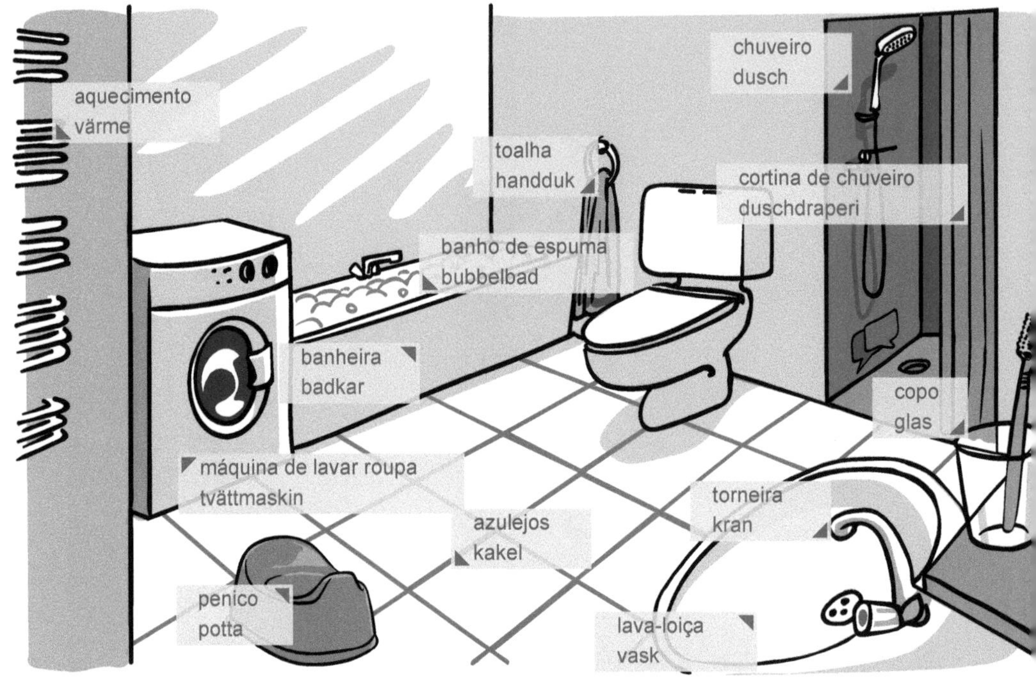

aquecimento
värme
toalha
handduk
chuveiro
dusch
cortina de chuveiro
duschdraperi
banho de espuma
bubbelbad
banheira
badkar
copo
glas
máquina de lavar roupa
tvättmaskin
torneira
kran
azulejos
kakel
penico
potta
lava-loiça
vask

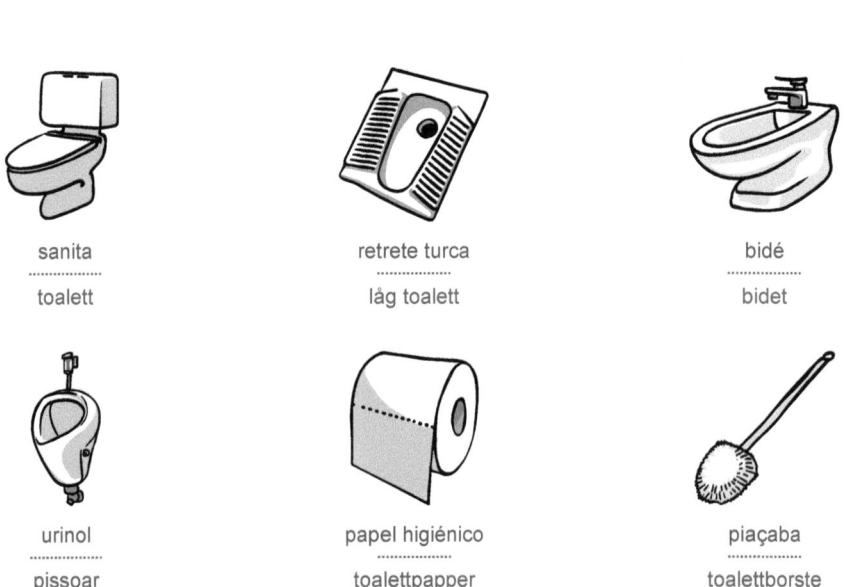

sanita
toalett

retrete turca
låg toalett

bidé
bidet

urinol
pissoar

papel higiénico
toalettpapper

piaçaba
toalettborste

escova de dentes

tandborste

pasta de dentes

tandkräm

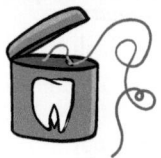

fio dentário

tandtråd

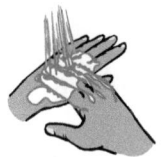

lavar

tvätta

chuveiro de mão

handdusch

duche íntimo

intimdusch

bacia

handfat

escova para as costas

ryggborste

sabonete

tvål

gel de banho

duschgel

champô

schampo

toalha de rosto

trasa

escoamento

avlopp

creme

crème

desodorizante

deodorant

espelho

spegel

espelho de mão

handspegel

máquina de barbear

rakhyvel

creme de barbear

raklödder

loção pós-barba

rakvatten

pente

kam

escova

borste

secador de cabelo

hårtork

spray de cabelo

hårspray

maquilhagem

smink

batom

läppstift

verniz de unhas

nagellack

algodão

bomullsvadd

tesoura para unhas

nagelsax

perfume

parfym

nécessaire
necessär

tamborete
pall

balança
våg

roupão de banho
badrock

luvas de borracha
gummihandskar

tampão
tampong

penso higiénico
binda

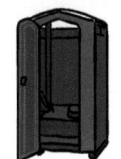

WC químico
kemisk toalett

quarto de criança

barnrum

despertador
väckarklocka
peluche
gosedjur
carro de brincar
leksaksbil
chocalho
skallra
casa de bonecas
dockhus
presente
present

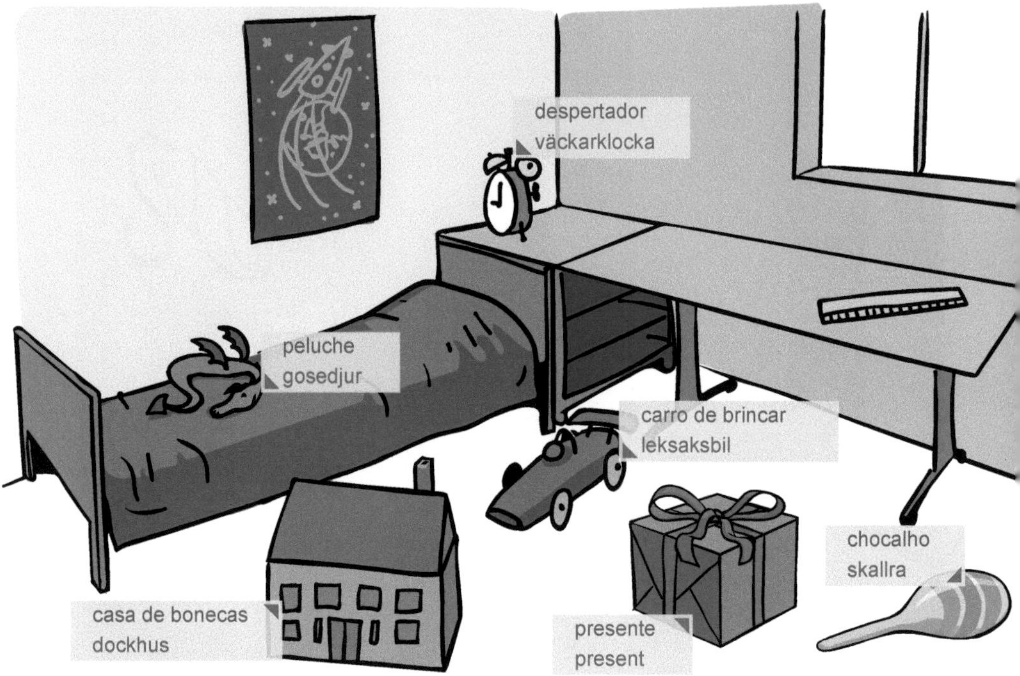

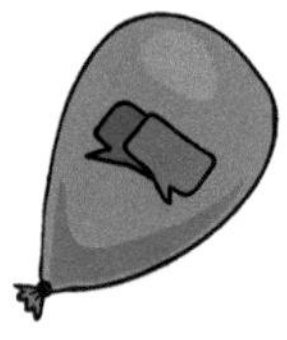

balão

ballong

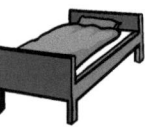

cama

säng

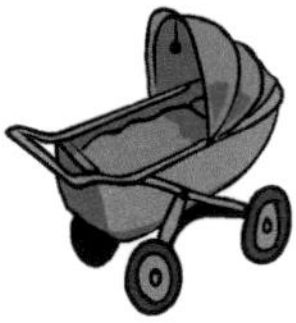

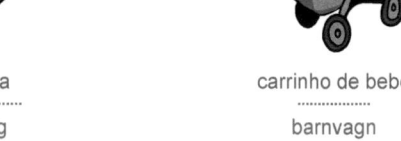

carrinho de bebé

barnvagn

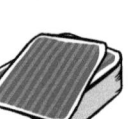

jogo de cartas

kortlek

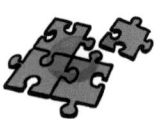

quebra-cabeças

pussel

SUPER
MEGA

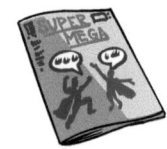

banda desenhada

serietidning

peças de Lego

legobitar

blocos de construção

klossar

figura de ação

actionfigur

fato de bebé

sparkdräkt

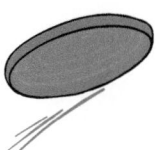

Frisbee

frisbee

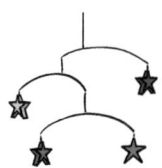

móbile para bebé

mobil

jogo de tabuleiro

brädspel

dados

tärning

pista de comboio elétrico

modelljärnväg

chupeta

napp

festa

party

livro ilustrado

bilderbok

bola

boll

boneca

docka

jogar

spela

caixa de areia

sandlåda

baloiço

gunga

brinquedos

leksaker

consola de jogos

spelkonsol

triciclo

trehjuling

ursinho de peluche

nalle

guarda-roupa

garderob

vestuário
kläder

meias

sockar

meias pelo joelho

strumpor

meias-calças

tights

cachecol
halsduk

guarda-chuva
paraply

t-shirt
t-shirt

cinto
bälte

botas
stövlar

chinelos
tofflor

sapatilhas
sneakers

sandálias
sandaler

sapatos
skor

botas de borracha
gummistövlar

cuecas
underbyxor

sutiã
BH

camisola interior
linne

body
body

calças
byxor

calças de ganga
jeans

saia
kjol

blusa
blus

camisa
skjorta

pulôver
pullover

camisola com capuz
sweater

blazer
blazer

casaco
jacka

manto
kappa

gabardina
regnjacka

traje
dräkt

vestido
klänning

vestido de casamento
bröllopsklänning

fato
kostym

camisa de dormir
nattlinne

pijama
pyjamas

sari
sari

lenço de cabeça
slöja

turbante
turban

burca
burka

cafetã
kaftan

abaya
abaya

fato de banho
baddräkt

calções de banho
badbyxor

calções
shorts

fato de treino
träningsoverall

avental
förkläde

luvas
handskar

botão
knapp

óculos
glasögon

pulseira
armband

colar
halsband

anel
ring

brinco
örhänge

boné
mössa

cabide
galge

chapéu
hatt

gravata
slips

fecho de correr
dragkedja

capacete
hjälm

suspensórios
hängslen

uniforme escolar
skoluniform

uniforme
uniform

vestuário - kläder

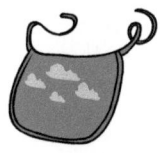

babete

haklapp

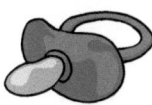

chupeta

napp

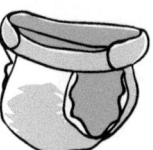

fralda

blöja

escritório

kontor

servidor
server
armário de arquivo
dokumentskåp
impressora
skrivare
papel
papper
ecrã
bildskärm
secretária
skrivbord
rato
mus
pasta
mapp
teclado
tangentbord
cesto de lixo
papperskorg
computador
dator
cadeira
stol

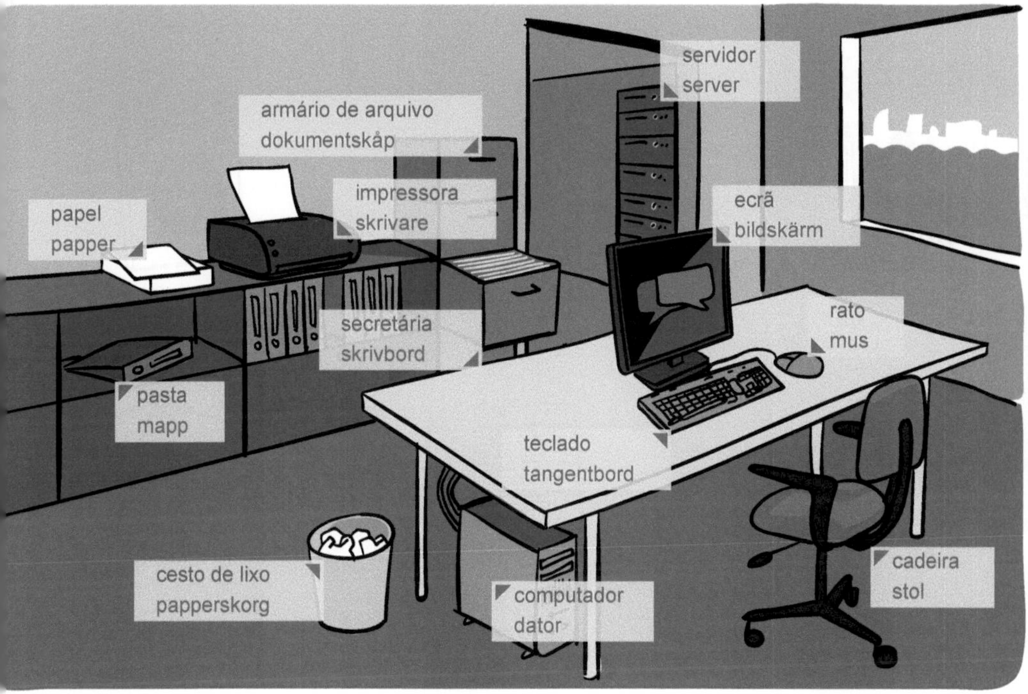

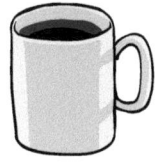

caneca de café

kaffemugg

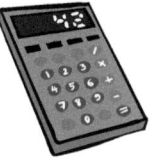

calculadora

miniräknare

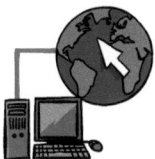

internet

internet

computador portátil

bärbar dator

carta

brev

mensagem

meddelande

telemóvel

mobiltelefon

rede

nätverk

fotocopiadora

kopieringsapparat

software

programvara

telefone

telefon

tomada elétrica

vägguttag

fax

fax

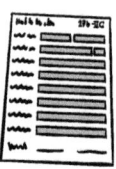

formulário

blankett

documento

dokument

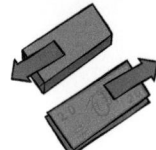

comprar

köpa

pagar

betala

negociar

handla

dinheiro

pengar

USD

dólar

dollar

EUR

euro

euro

JPY

yen

yen

RUB

rublo

rubel

CHF

franco suíço

schweizisk franc

CNY

renminbi yuan

renminbi yan

INR

rupia

rupie

caixa de multibanco

bankomat

casa de câmbio
växelkontor

ouro
guld

prata
silver

petróleo
olja

energia
energi

preço
pris

contrato
kontrakt

imposto
skatt

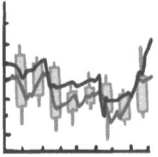

ação
aktie

trabalhar
arbeta

empregado
anställd

entidade patronal
arbetsgivare

fábrica
fabrik

loja
affär

agente da polícia
polis

bombeiro
brandman

piloto
pilot

cozinheiro
kock

médico
läkare

jardineiro	carpinteiro	costureira
trädgårdsmästare	snickare	sömmerska

juiz	químico	ator
domare	kemist	skådespelare

motorista de autocarro

busschaufför

motorista de táxi

taxichaufför

pescador

fiskare

empregada de limpeza

städerska

telhador

takläggare

empregado de mesa

servitör

caçador

jägare

pintor

målare

padeiro

bagare

eletricista

elektriker

construtor

byggarbetare

engenheiro

ingenjör

talhante

slaktare

canalizador

rörmokare

carteiro

brevbärare

soldado

soldat

arquiteto

arkitekt

caixa

kassör

florista

florist

cabeleireiro

frisör

controlador de bilhetes

konduktör

mecânico

mekaniker

capitão

kapten

dentista

tandläkare

cientista

vetenskapsman

rabino

rabbin

imã

imam

monge

munk

pastor

präst

ferramentas
verktyg

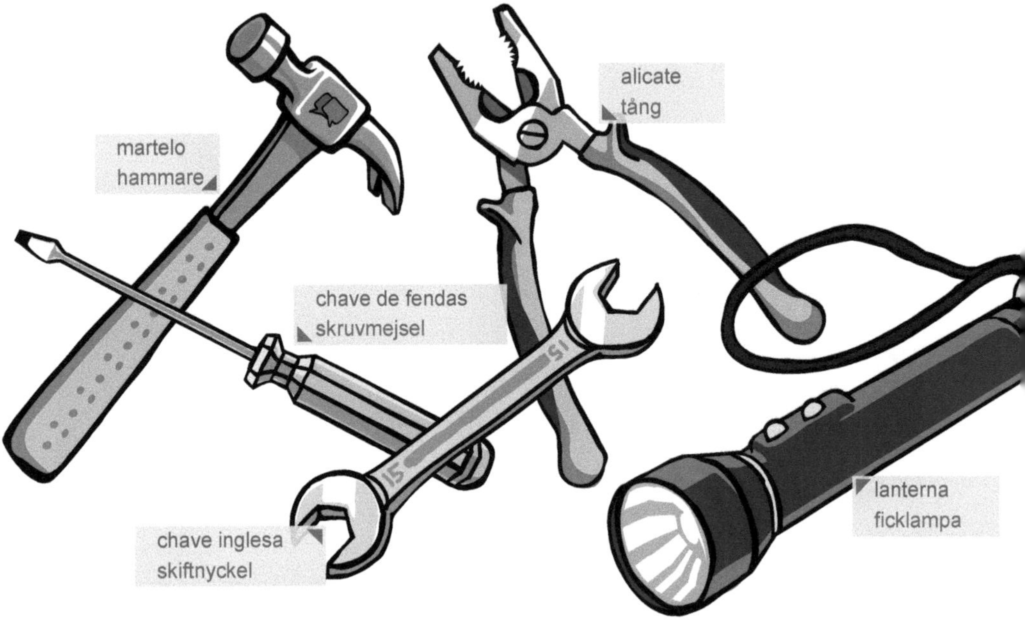
alicate
tång
martelo
hammare
chave de fendas
skruvmejsel
lanterna
ficklampa
chave inglesa
skiftnyckel

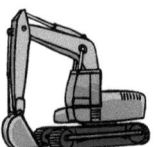

escavadora

grävmaskin

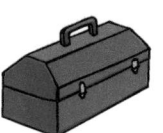

caixa de ferramentas

verktygslåda

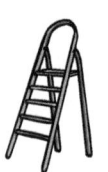

escadote

stege

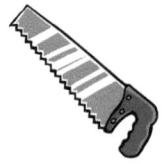

serra

såg

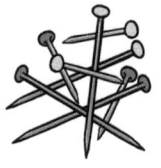

pregos

spik

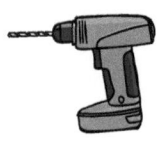

broca

borr

reparar
reparera

pá
spade

porcaria!
Helvete!

pá de lixo
sopskyffel

pote de tinta
färgburk

parafusos
skruvar

instrumentos musicais
musikinstrument

bateria
trummor

altifalante
högtalare

contrabaixo
kontrabas

trompete
trumpet

guitarra
gitarr

piano
piano

violino
violin

baixo
bas

timbales
timpani

tambor
trumma

teclado
keyboard

saxofone
saxofon

flauta
flöjt

microfone
mikrofon

jardim zoológico

zoo

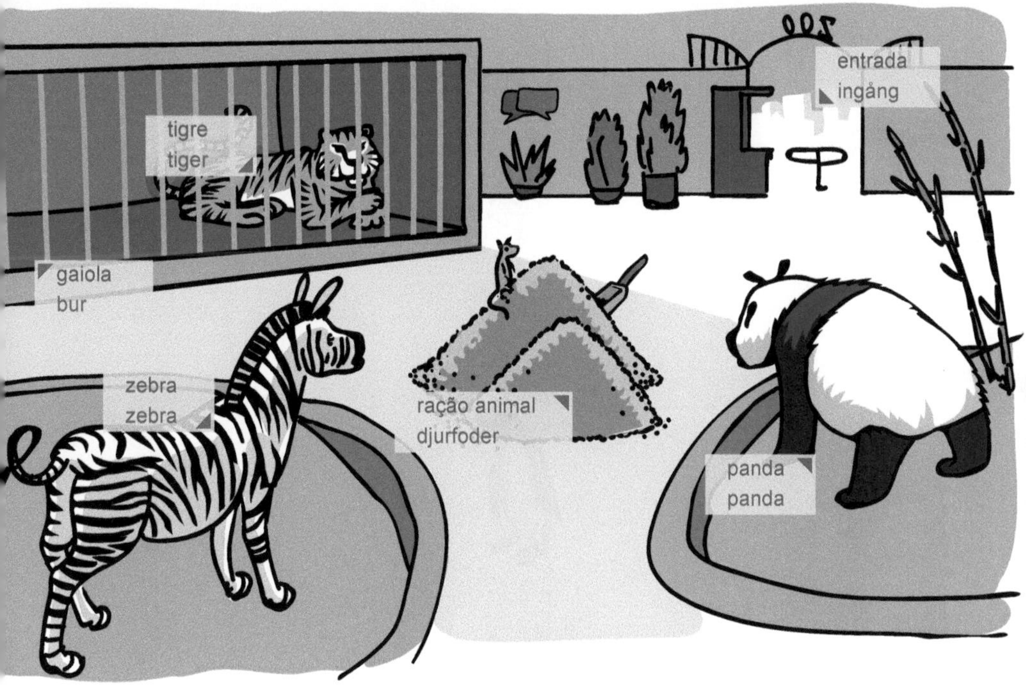

entrada
ingång
tigre
tiger
gaiola
bur
zebra
zebra
ração animal
djurfoder
panda
panda

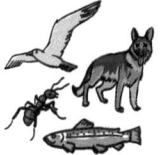

animais

djur

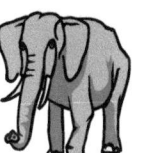

elefante

elefant

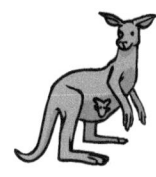

canguru

känguru

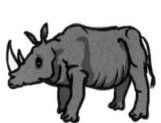

rinoceronte

noshörning

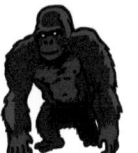

gorila

gorilla

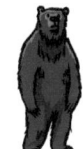

urso

björn

camelo

kamel

avestruz

struts

leão

lejon

macaco

apa

flamingo

flamingo

papagaio

papegoja

urso polar

isbjörn

pinguim

pingvin

tubarão

haj

pavão

påfågel

cobra

orm

crocodilo

krokodil

guarda do jardim zoológico

djurskötare

foca

säl

jaguar

jaguar

pónei

ponny

leopardo

leopard

hipopótamo

flodhäst

girafa

giraff

águia

örn

javali

vildsvin

peixe

fisk

tartaruga

sköldpadda

morsa

valross

raposa

räv

gazela

gazell

futebol americano
amerikansk fotboll

ciclismo
cykling

ténis
tennis

basquetebol
basket

natação
simning

boxe
boxning

hóquei no gelo
ishockey

futebol
fotboll

badminton
badminton

atletismo
friidrott

andebol
handboll

esqui
skidåkning

polo
polo

atividades
aktiviteter

rir
skratta
saltar
hoppa
abraçar
krama
andar
gå
cantar
sjunga
sonhar
drömma
rezar
be
beijar
kyssa

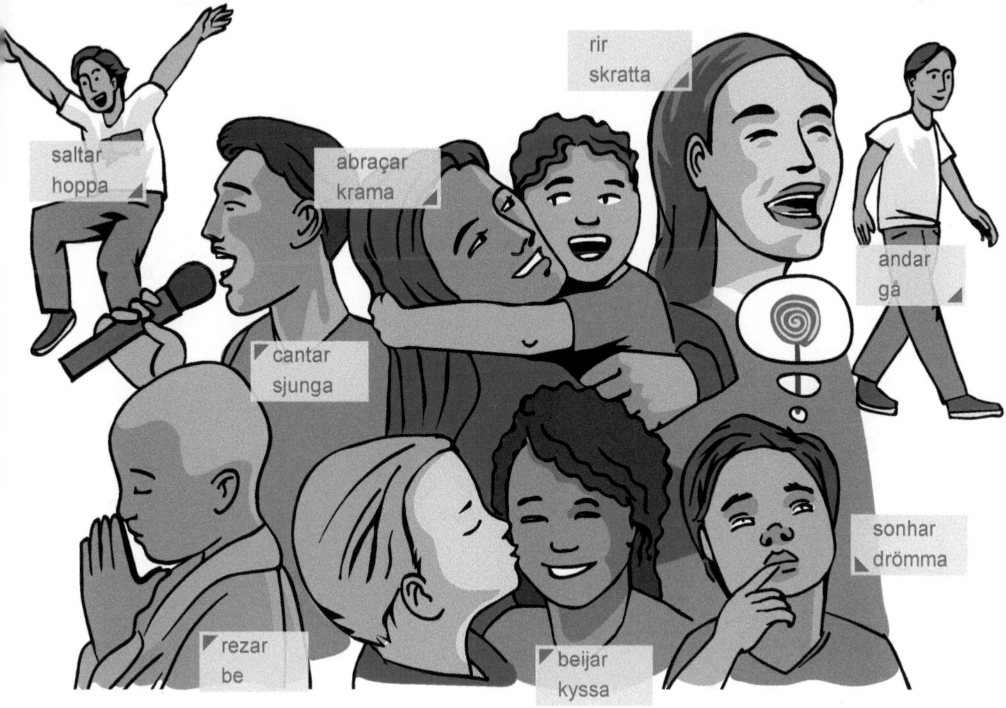

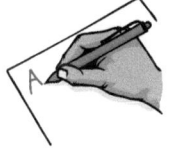

escrever

skriva

desenhar

rita

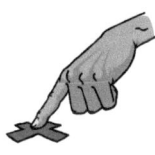

mostrar

visa

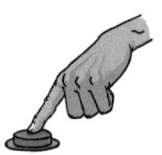

empurrar

skjuta

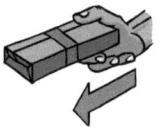

dar

ge

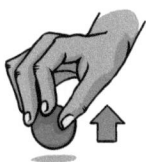

tomar

ta

ter
....
hagel

fazer
....
göra

ser
....
vara

ficar de pé
....
stå

correr
....
springa

puxar
....
dra

remessar
....
kasta

cair
....
falla

deitar
....
ligga

esperar
....
vänta

carregar
....
bära

sentar
....
sitta

vestir
....
klä på

dormir
....
sova

acordar
....
vakna

olhar para
se på

chorar
gråta

acariciar
smeka

pentear
kamma

falar
prata

compreender
förstå

perguntar
fråga

ouvir
höra

beber
dricka

comer
äta

arrumar
städa

amar
älska

cozinhar
laga mat

conduzir
köra

voar
flyga

velejar

segla

calcular

räkna

ler

läsa

aprender

lära sig

trabalhar

arbeta

casar

gifta sig

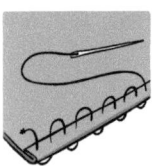

costurar

sy

escovar os dentes

borsta tänderna

matar

döda

fumar

röka

enviar

skicka

família

familj

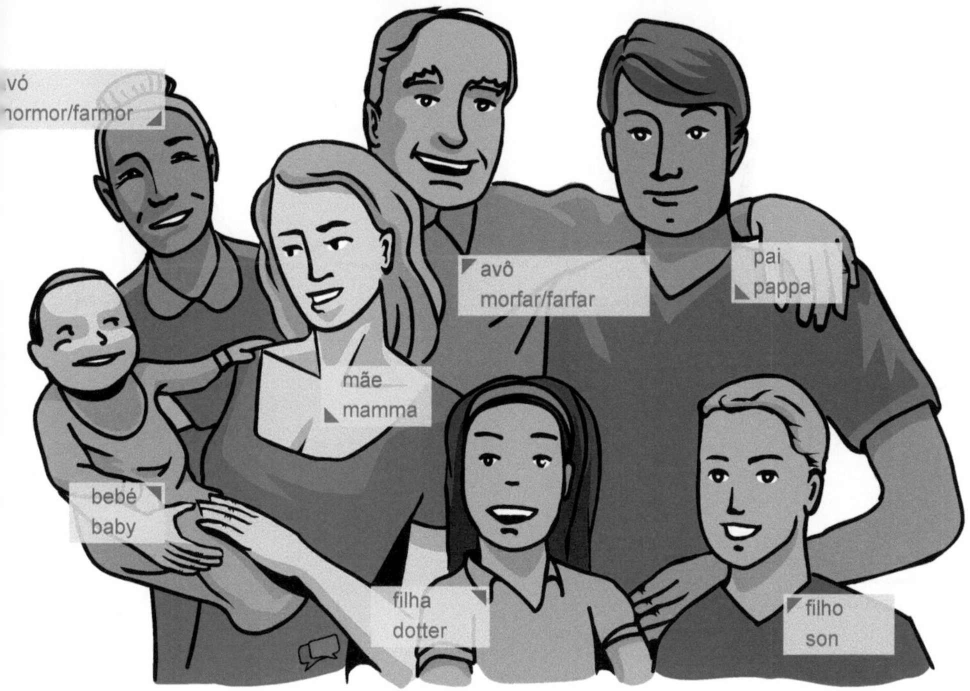

vó
ormor/farmor
avô
morfar/farfar
pai
pappa
mãe
mamma
bebé
baby
filha
dotter
filho
son

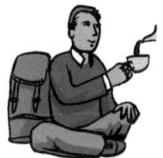

convidado

gäst

tia

moster/faster

tio

farbror/morbror

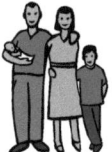

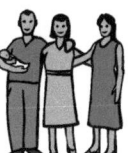

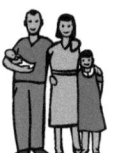

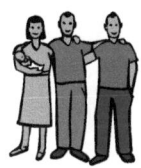

irmão

bror

irmã

syster

corpo

kropp

testa
panna
olho
öga
ombro
skuldra
dedo
finger
cara
ansikte
queixo
haka
mão
hand
perna
ben
peito
bröst
braço
arm

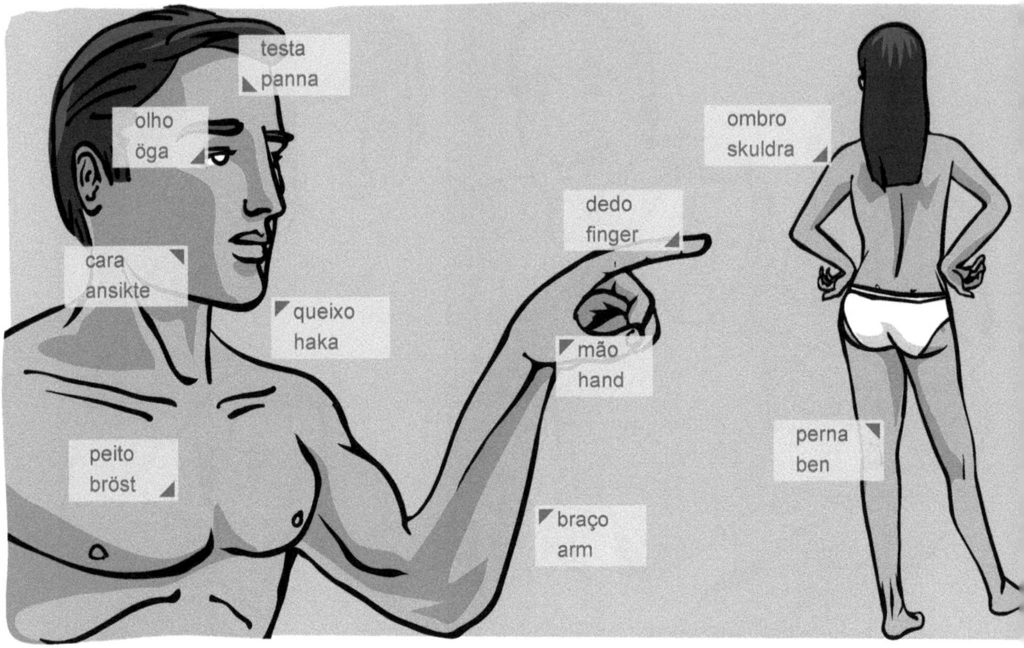

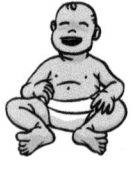

bebé

baby

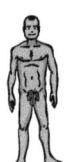

homem

man

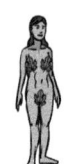

mulher

kvinna

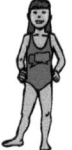

menina

flicka

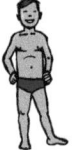

menino

pojke

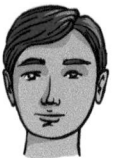

cabeça

huvud

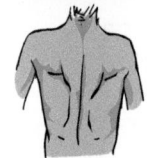

costas

rygg

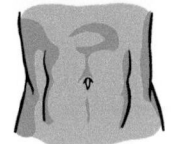

barriga

mage

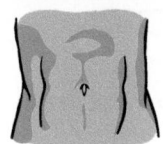

umbigo

navel

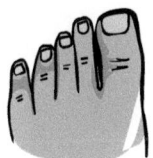

dedo do pé

tå

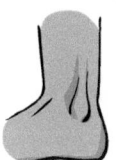

calcanhar

häl

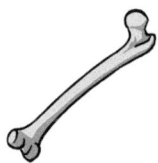

osso

ben

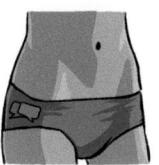

anca

höft

joelho

knä

cotovelo

armbåge

nariz

näsa

nádegas

stjärt

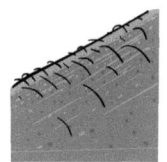

pele

hud

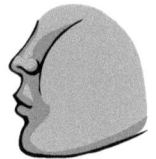

bochecha

kind

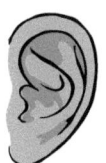

orelha

öra

lábio

läpp

boca

mun

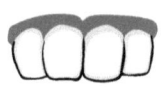

dente

tand

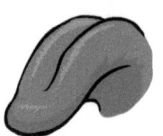

língua

tunga

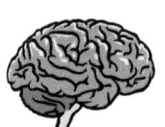

cérebro

hjärna

coração

hjärta

músculo

muskel

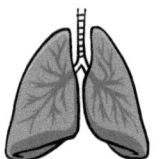

pulmão

lunga

fígado

lever

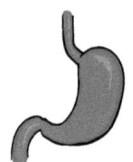

estômago

magsäck

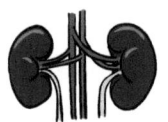

rins

njurar

relações sexuais

sex

preservativo

kondom

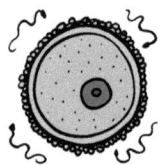

óvulo

äggcell

esperma

sperma

gravidez

graviditet

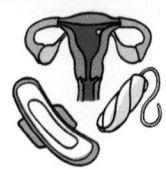

menstruação

menstruation

vagina

vagina

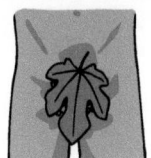

pénis

penis

sobrancelha

ögonbryn

cabelo

hår

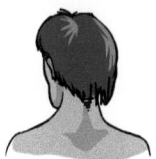

pescoço

nacke

hospital
sjukhus

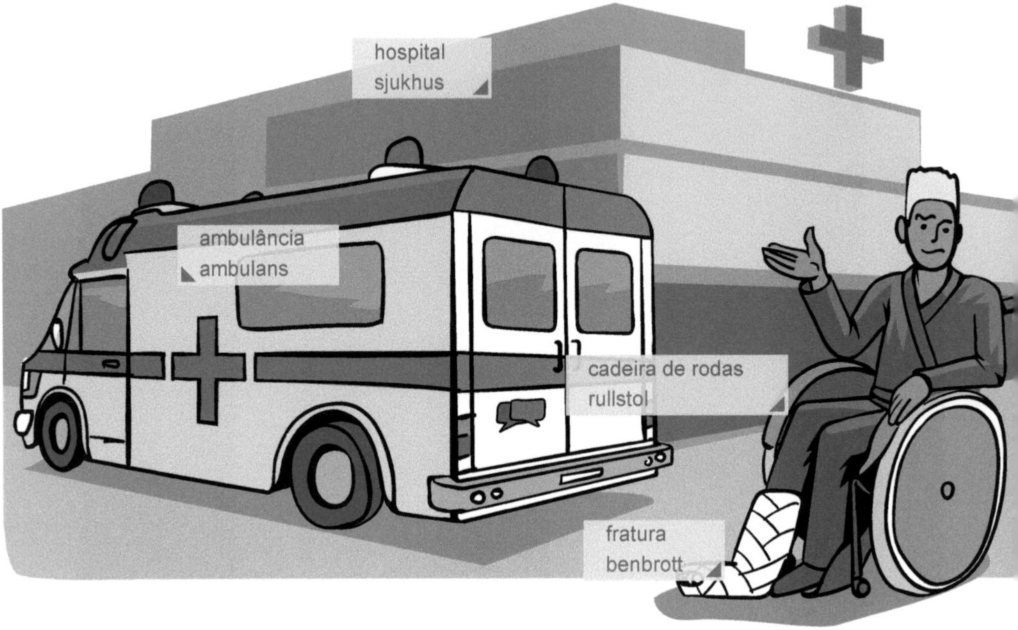

hospital
sjukhus
ambulância
ambulans
cadeira de rodas
rullstol
fratura
benbrott

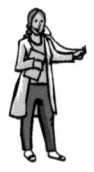

médico

läkare

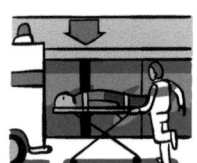

serviço de urgências

akutmottagning

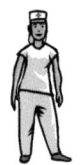

enfermeira

sjuksköterska

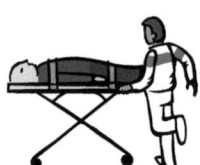

emergência

nödsituation

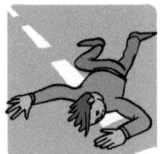

inconsciente

medvetslös

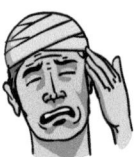

dor

smärta

ferimento

skada

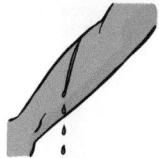

hemorragia

blödning

ataque cardíaco

hjärtattack

acidente vascular cerebral

slaganfall

alergia

allergi

tosse

hosta

febre

feber

gripe

influensa

diarreia

diarré

dor de cabeça

huvudvärk

cancro

cancer

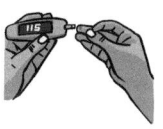

diabetes

diabetes

cirurgião

kirurg

bisturi

skalpell

operação

operation

CT
CT

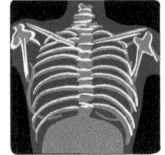

raio x
röntgen

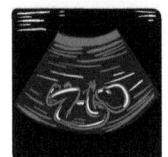

ultrassom
ultraljud

máscara
ansiktsmask

doença
sjukdom

sala de espera
väntsal

muleta
krycka

penso rápido
plåster

ligadura
bandage

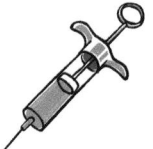

injeção
injektion

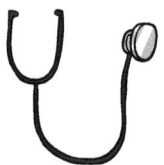

estetoscópio
stetoskop

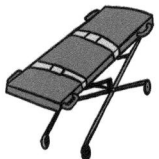

maca
bår

termómetro
termometer

nascimento
födsel

excesso de peso
övervikt

aparelho auditivo

hörapparat

desinfetante

desinfektionsmedel

infeção

infektion

vírus

virus

HIV / SIDA

HIV / AIDS

medicamento

medicin

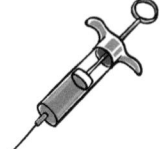

vacinação

vaccination

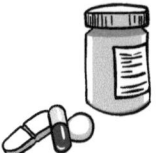

comprimidos

tabletter

pílula

p-piller

chamada de emergência

nödsamtal

dispositivo de medição de pressão arterial

blodtrycksmätare

doente / saudável

sjuk / frisk

Socorro!

Hjälp!

alarme

alarm

assalto

överfall

ataque

misshandel

perigo

fara

saída de emergência

nödutgång

Fogo!

Det brinner!

extintor de incêndios

brandsläckare

acidente

olycka

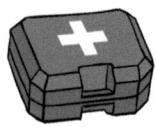

estojo de primeiros socorros

förbandslåda

SOS

SOS

polícia

polis

Europa

Europa

América do Norte

Nordamerika

América do Sul

Sydamerika

África

Afrika

Ásia

Asien

Austrália

Australien

Atlântico

Atlanten

Pacífico

Stilla Havet

Oceano Índico

Indiska Oceanen

Oceano Antártico

Antarktiska Oceanen

Oceano Ártico

Arktiska Oceanen

Polo Norte

Nordpol

Polo Sul
Sydpol

Antártica
Antarktis

terra
Jorden

país
land

mar
hav

ilha
ö

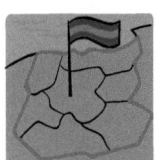

nação
nation

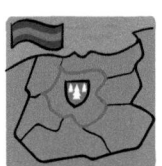

estado
stat

mostrador do relógio
....
urtavla

ponteiro das horas
....
timvisare

ponteiro dos minutos
....
minutvisare

ponteiro dos segundos
....
sekundvisare

Que horas são?
....
Vad är klockan?

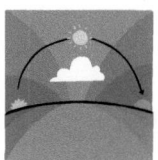

dia
....
dag

tempo
....
tid

agora
....
nu

relógio digital
....
digital klocka

minuto
....
minut

hora
....
timme

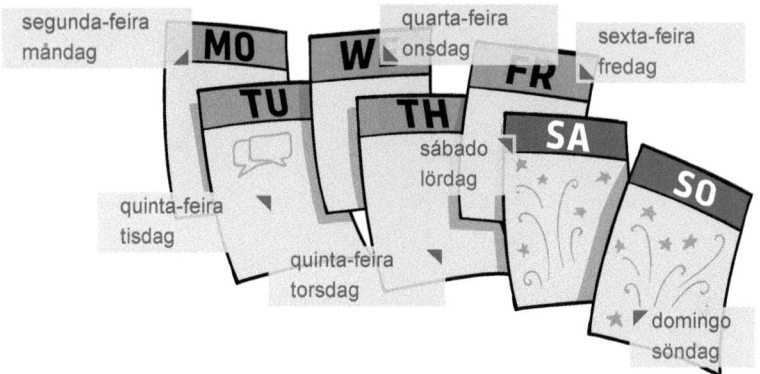

segunda-feira
måndag

quarta-feira
onsdag

sexta-feira
fredag

quinta-feira
tisdag

quinta-feira
torsdag

sábado
lördag

domingo
söndag

ontem

igår

hoje

idag

amanhã

imorgon

manhã

morgon

meio-dia

middag

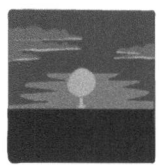

entardecer

kväll

MO	TU	WE	TH	FR	SA	SU
1	2	3	4	5	6	7
8	9	10	11	12	13	14
15	16	17	18	19	20	21
22	23	24	25	26	27	28
29	30	31	1	2	3	4

dias úteis

vardagar

MO	TU	WE	TH	FR	SA	SU
1	2	3	4	5	6	7
8	9	10	11	12	13	14
15	16	17	18	19	20	21
22	23	24	25	26	27	28
29	30	31	1	2	3	4

fim de semana

helg

ano

år

arco-íris
regnbåge
chuva
regn
neve
snö
vento
vind
primavera
vår
outono
höst
verão
sommar
inverno
vinter

4.APRIL 11°
5.APRIL 4°
6.APRIL 13°
7.APRIL 8°
8.APRIL 10°

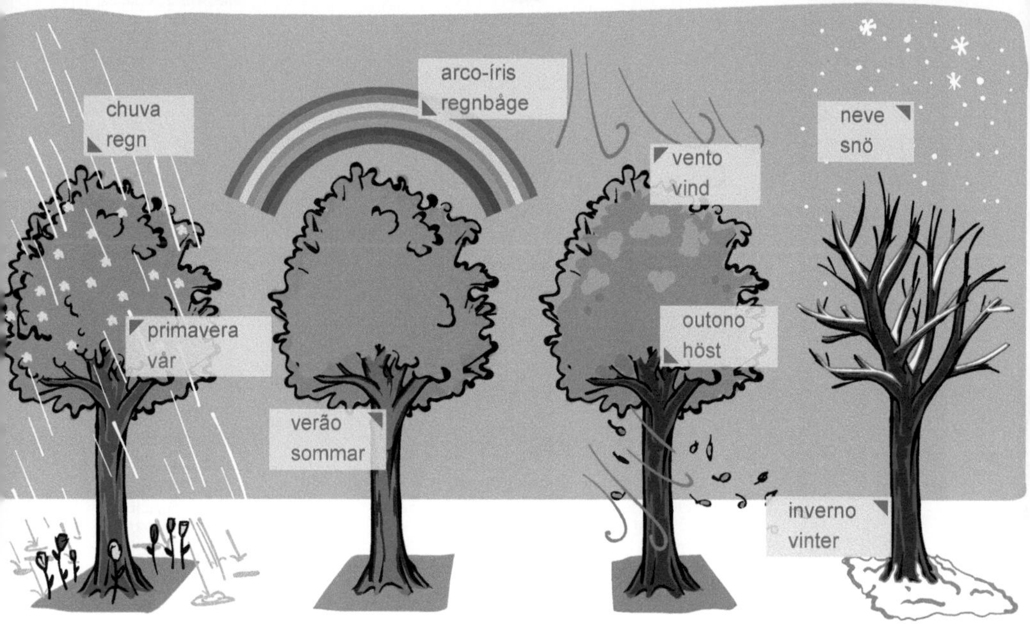

previsão do tempo

väderprognos

F
C
120
90
60
30
0
-30
40
30
20
10
0
-10
-20

termómetro

termometer

raios de sol

solsken

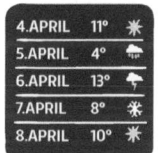

nuvem

moln

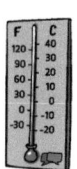

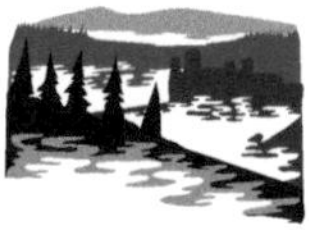

neblina / nevoeiro

dimma

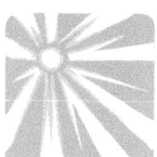

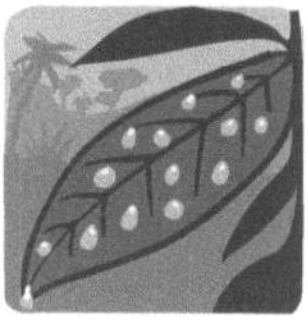

humidade do ar

luftfuktighet

relâmpago
blixt

trovão
áska

tempestade
storm

granizo
hagel

monção
monsun

inundação
översvämning

gelo
is

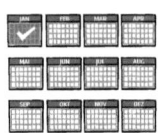

janeiro
januari

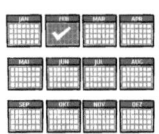

fevereiro
februari

março
mars

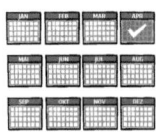

abril
april

maio
maj

junho
juni

julho
juli

agosto
augusti

ano - år

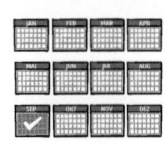

setembro

september

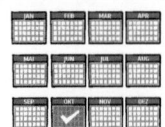

outubro

oktober

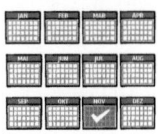

novembro

november

dezembro

december

formas
former

círculo

cirkel

quadrado

kvadrat

retângulo

rektangel

triângulo

triangel

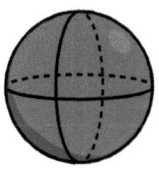

esfera

sfär

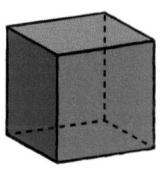

cubo

kub

branco
vit

amarelo
gul

laranja
orange

rosa
rosa

vermelho
röd

lilás
lila

azul
blå

verde
grön

castanho
brun

cinzento
grå

preto
svart

muito / pouco

mycket / lite

furioso / calmo

arg / lugn

lindo / feio

vacker / ful

princípio / fim

början / slut

grande / pequeno

stor / liten

claro / escuro

ljus / mörk

irmão / irmã

bror / syster

limpo / sujo

ren / smutsig

completo / incompleto

komplett / ofullständig

dia / noite

dag / natt

morto / vivo

död / levande

largo / estreito

bred / smal

comestível / não comestível

ätlig / oätlig

mau / gentil

ond / god

entusiasmado / entediado

upphetsad / uttråkad

gordo / magro

tjock / smal

primeiro / último

först / sist

amigo / inimigo

vän / fiende

cheio / vazio

full / tom

duro / macio

hård / mjuk

pesado / leve

tung / lätt

fome / sede

hunger / törst

doente / saudável

sjuk / frisk

ilegal / legal

olaglig / laglig

inteligente / burro

intelligent / dum

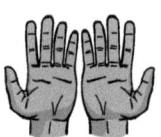

esquerda / direita

vänster / höger

perto / longe

nära / långt bort

novo / usado
ny / begagnad

nada / algo
inget / något

velho / jovem
gammal / ung

ligado / desligado
på / av

aberto / fechado
öppen / stängd

baixo / alto
tyst / högljudd

rico / pobre
rik / fattig

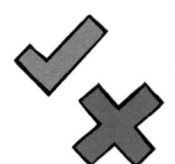

certo / errado
rätt / fel

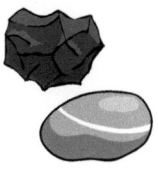

áspero / liso
grov / slät

triste / feliz
ledsen / glad

curto / longo
kort / lång

lento / rápido
långsam / snabb

molhado / seco
våt / torr

ameno / fresco
varm / sval

guerra / paz
krig / fred

0

zero

noll

1

um

ett

2

dois

två

3

três

tre

4

quatro

fyra

5

cinco

fem

6

seis

sex

7

sete

sju

8

oito

åtta

9

nove

nio

10

dez

tio

11

onze

elva

12
doze

tolv

13
treze

tretton

14
catorze

fjorton

15
quinze

femton

16
dezasseis

sexton

17
dezassete

sjutton

18
dezoito

arton

19
dezanove

nitton

20
vinte

tjugo

100
cem

hundra

1.000
mil

tusen

1.000.000
milhão

miljon

inglês

engelska

inglês americano

amerikansk engelska

chinês mandarim

kinesisk mandarin

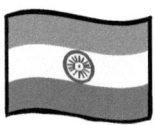

hindi

hindi

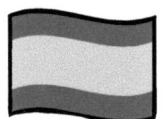

espanhol

spanska

francês

franska

árabe

arabiska

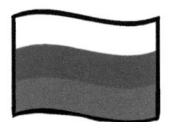

russo

ryska

português

portugisiska

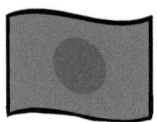

bengalês

bengali

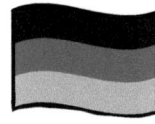

alemão

tyska

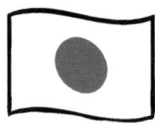

japonês

japanska

eu

jag

tu

du

ele / ela

han / hon / den (det)

nós

vi

vós

ni

eles / elas

de

quem?

vem?

o quê?

vad?

como?

hur?

onde?

var?

quando?

när?

nome

namn

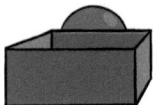

atrás

bakom

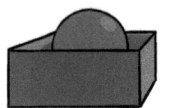

em

i

à frente de

framför

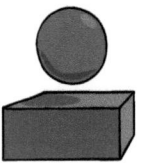

sobre

över

em cima

på

debaixo

under

ao lado

bredvid

entre

mellan

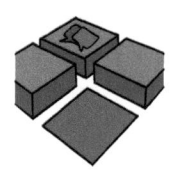

lugar

plats